まちごとインド

North India 001 North India

はじめての北インド
デリー・ジャイプル・アーグラ・バラナシ

उत्तर भारत

Asia City Guide Production

【白地図】北インド

北インド

North India

白地図

【白地図】デリー

INDIA
北インド

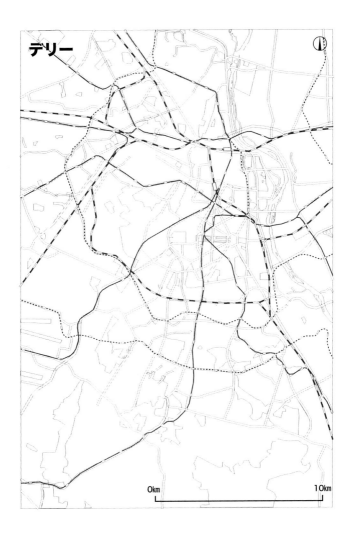

【白地図】オールドデリー

INDIA
北インド

オールドデリー

North India 白地図

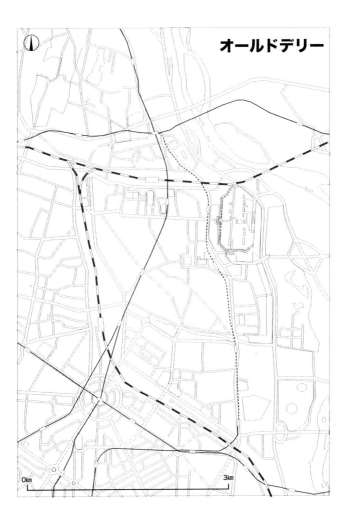

【白地図】ジャイプル

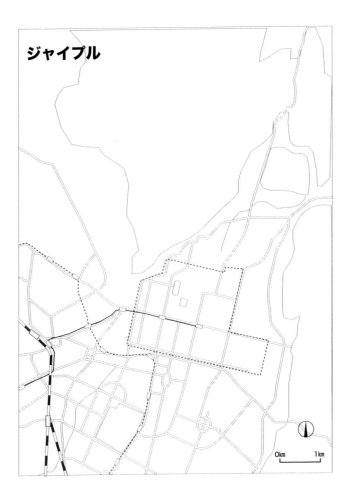

【白地図】ジャイプル旧市街

【白地図】アーグラ

INDIA
北インド

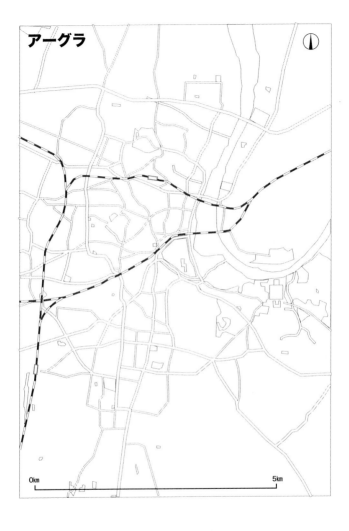

【白地図】バラナシ

INDIA
北インド

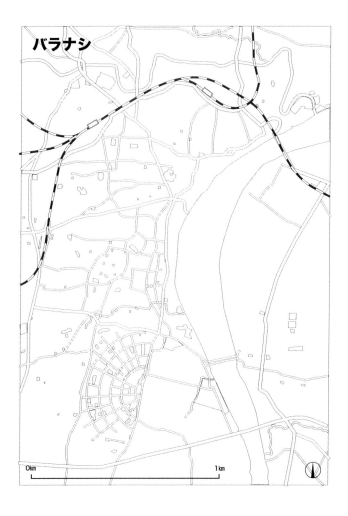

【まちごとインド】

北インド 001 はじめての北インド

北インド 002 はじめてのデリー

北インド 003 オールド・デリー

北インド 004 ニュー・デリー

北インド 005 南デリー

北インド 012 アーグラ

北インド 013 ファテープル・シークリー

北インド 014 バラナシ

北インド 015 サールナート

北インド 022 カージュラホ

北インド 032 アムリトサル

INDIA
北インド

インド洋に突き出した南アジアの大国インド。10億人を超える人口が暮らし、多様な民族、多彩な文化をもつこの国にあって、北インドにはガンジス平原が広がり、魅力的な街が点在する。

インドの政治、経済、文化の中心地である首都デリー。「地上でもっとも美しい」と言われる建築タージ・マハルが残るアーグラ。焼かれた遺灰をガンジス河に流し、そのそばで沐浴する人々の姿が見られるバラナシ。

はじめての北インド
North India उत्तर भारत

　こうした街は3000年の歴史のなかで、北西方向から北インドに侵入した諸民族が伝えたバラモンやイスラム文化と土着の文化が融合することで育まれてきた。また大国インドの首都として急速な開発が進むデリーでは、世界中から人、もの、企業が集まっている。

【まちごとインド】
北インド 001 はじめての北インド

INDIA
北インド

目次

はじめての北インド……………………………………………xvi

南アジアの大国インドへ………………………………………xxii

デリー城市案内 …………………………………………………xxvi

摩訶不思議印度世界……………………………………………xxxix

ジャイプル城市案内……………………………………………xlv

アーグラ城市案内 ………………………………………………liii

バラナシ城市案内 ………………………………………………lxi

到来するインドの時代…………………………………………lxix

【MEMO】

【地図】北インド

INDIA
北インド

南アジアの大国 インドへ

INDIA 北インド

10億人以上の人口を抱えるインド
大陸にもたとえられる多様な国土
北インドには目覚めた巨象の姿がある

多様な民族、多様な言語

日本の9倍という国土に10億人以上が暮らす大国インド。北方のインド・ヨーロッパ系民族と南方のドラヴィダ系民族はじめ、人種の異なる人々が一堂に暮らす多民族国家となっている。この国には22の公用語があり、「独立の父」ガンジーが描かれたお札には、デーバナーガリー文字、タミル文字、アラビア文字などそれぞれ異なる16の言葉が記されている。このような多様な言語をもとに1956年に言語州が誕生し、北インドではヒンディー語、ウルドゥー語などが話されている。一方で州をまたぐと言葉が通じないため、それらをつなぐための英語（イギ

リス植民地時代に広まった)が広く通じる。デリーは連邦直轄領、アーグラ、バラナシはウッタル・プラデーシュ州となっている。

超大国の中心

21世紀のなかごろまでには、インドの人口は中国を抜いて世界第一になると見られている。また25歳以下の高い人口比率やコンピュータを使ったITの実務能力などから、「21世紀はインドの時代だ」という言葉が聞かれる。それを映すようにこの国は毎年、高い経済成長を続け、インド人は世界のビジネス現場で強い力を発揮している。1947年のインド独立で

INDIA
北インド

首都となったデリーは、郊外へ拡大を続けていて、デリー近郊のグルガオンやノイダでは高級マンションやショッピングモールがならんでいる（グルガオンはハリヤナ州、ノイダはウッタル・プラデーシュ州）。高い経済成長率と豊富な人口などから世界でのインドの影響力は増し続けている。

宗教と最高の聖地

長いあいだ日本人には、「お釈迦さまの生まれた天竺」という目でインドは見られてきた。紀元前5世紀ごろ、仏教が生まれたインドでは、ヒンドゥー教をはじめ、ジャイナ教、イスラム教、シ

▲左　象に乗って世界遺産に向かう、ジャイプルにて。　▲右　白大理石でつくられたタージ・マハル

ク教、ゾロアスター教など多くの宗教が信仰されている（デリーではいくつもの宗教寺院が見られる）。こうした異なる宗教や考えへの寛容さをもつことから、インドは「宗教の国」だと言われる。インド人の80％が信仰するヒンドゥー教は、仏教やキリスト教のように開祖がおらず、インドの自然や民間信仰のなかで宗教体系が育まれ、現在でも変化を続けている。このヒンドゥー教最高の聖地がガンジス河畔に開けたバラナシで、そこでは沐浴する人々、焼かれていく遺体など生と死が交錯する世界が広がる。またブッダが悟りを開いたブッダガヤ（東インド）、はじめて教えを説いたサールナート（バラナシ近郊）などが残る。

Guide, Delhi
デリー城市案内

INDIA
北インド

紀元前からインド各地へ通じる「インドの門」と言われ
北インドを支配した諸王朝の都がおかれてきたデリー
繰り返し都が造営されてきた七度の都

दिल्ली ; デリー Delhi [★★★]

首都デリーは、インド北西部、ジャムナ河の西側に開けている。近代以前から街があったオールド・デリー、20世紀以後、政治の中心となったニュー・デリー、また現在では南デリーや隣接するハリヤナ州やウッタル・プラデーシュ州の街とともに巨大な首都圏をつくっている。

पुरानी दिल्ली ; オールド・デリー Old Delhi [★★☆]

ニュー・デリー駅の北東に広がるオールド・デリー(「古いデリー」)。17世紀に建設されたムガル帝国の都シャージャ

【MEMO】

【地図】デリー

【地図】デリーの [★★★]
- [ ] デリー Delhi

【地図】デリーの [★★☆]
- [ ] オールド・デリー Old Delhi
- [ ] ラール・キラ Lal Qila
- [ ] ニュー・デリー New Delhi

【地図】デリーの [★☆☆]
- [ ] コンノート・プレイス Connaught Place
- [ ] インド門 India Gate
- [ ] フマユーン廟 Tomb of Humayun

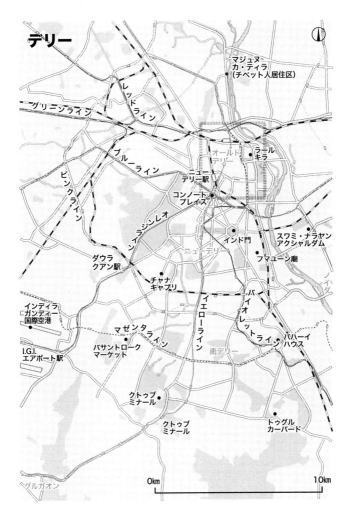

INDIA
北インド

ハナーバード跡で、20世紀になってニュー・デリーが建設されるまでデリーの中心だった。ムガル宮廷がおかれたラール・キラから、チャンドニー・チョウクが伸び、そこからバザールが網の目のように走る。丘のうえにインドでも最大規模のジャマー・マスジットが立ち、行き交うリキシャ、積みあげられた香辛料からは昔ながらのデリーを感じることができる。

लाल किला；ラール・キラ Lal Qila ［★★☆］

ラール・キラには、1648年からムガル帝国が滅亡する1858

【MEMO】

【地図】オールドデリー

【地図】オールド・デリーの [★★☆]
- [ ] オールド・デリー Old Delhi
- [ ] ラール・キラ Lal Qila

【地図】オールド・デリーの [★☆☆]
- [ ] コンノート・プレイス Connaught Place

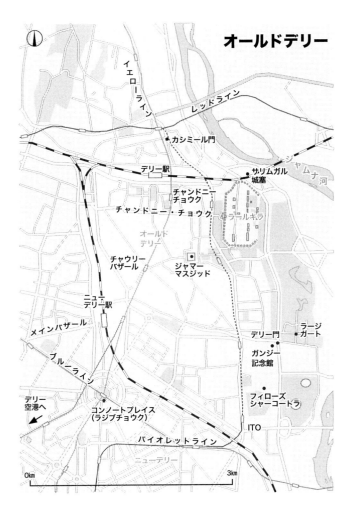

INDIA
北インド

年までムガル宮廷がおかれていた。ラール・キラとは「赤い城」という意味で、イギリス統治時代、英語でレッド・フォート（赤い城）と呼ばれていた。1947年の新生インドの建国時にはこの城のラホール門からガンジーやネルーが国民に語りかけ、現在も建国式典が行なわれるインド政治の象徴的な場所となっている。隣接するサリムガル要塞とともに世界遺産に指定されている。

नई दिल्ली；ニュー・デリー New Delhi ［★★☆］

ニュー・デリーは近代、インドを植民地下においたイギリス

▲左 インド政治の舞台になってきたラール・キラ。　▲右　人、物資、リキシャが行き交うオールド・デリー

によって造営された計画都市で、オールド・デリーの南側に新たに造営されたことからこの名前で呼ばれている。大統領官邸やインド門、円形ロータリーのコンノート・プレイスが位置し、緑地が充分にとられている。

कनॉट प्लेस;
コンノート・プレイス Connaught Place [★☆☆]

コンノート・プレイスはニュー・デリーの起点になり、店舗がならぶ商業地区。円形の道路が三重に走り、「ハート・オブ・デリー（デリーの中心）」とも呼ばれる。

INDIA
北インド

इण्डिया गेट; インド門 India Gate [★☆☆]

ニュー・デリー中心部にそびえる高さ42mのインド門。第一次世界大戦で生命を落とした人々を追悼するため、1931年に建てられた。

हुमायूँ का मकबरा; フマユーン廟 Tomb of Humayun [★☆☆]

フマユーン廟は、ムガル帝国第2代フマユーン帝の霊廟で、デリーでもっとも美しい建築にあげられる。ドーム、ミナレット、チャハールバーグ（4分割庭園）などからなるインド・

▲左　ムガル皇帝が眠るフマユーン廟。　▲右　高さ73mのクトゥブ・ミナール

イスラム様式をもち、この霊廟のプランがタージ・マハルに受け継がれることになった（ムガル帝国の統治者はイスラム教徒だった）。世界遺産に指定されている。

क़ुतुब मीनार ; クトゥブ・ミナール Qutb Minar ［★★☆］

南デリーに立つクトゥブ・ミナールは、イスラム王朝による戦勝記念塔。12世紀、ヒンドゥー教徒の暮らすデリーをイスラム教徒が征服したときに建てられた。73mの高さをもち、オールド・デリー以前の都はこのあたりにあった。

摩訶不思議印度世界

IT大国、インド式数学、カレーの国など
さまざまな視点で語られるインド
3000年の歴史のなかで育まれてきた多様な文化

「0の発見」

インドの偉大な発見と言われる「0の発見」。いつごろ0が発見されたかははっきりとはわかっていないが、6世紀ごろにはインドで「位とり」が行なわれていたと考えられている。たとえば漢数字（ローマ文字でも）では、一、十、百、千、万と単位が増えるため、「二千八十六－（ひく）千五百二」と表記するとわかりづらいが、「2086－（ひく）1502」と表記するとすぐに解が出せる。このインド式記数法では10個の数字だけであらゆる自然数をあらわせ、「0の発見」なしに現代文明の発展はなかったと言われる。また年齢の数え方

には生まれた年を1歳とする「数え(生まれた年を1歳とし、0年がない西暦と同じ数え方)」と「0をおく一般的な数え方」があるが、インドでは年齢に限らず、「0」をおく数え方が多く採用されているという。なおインド数字は、イスラム世界を通じて西欧に伝わったため、アラビア数字と呼ばれている。

カーストとは

インド社会に根ざした身分制度カーストは、大航海時代の15世紀にインドを訪れたポルトガル人が「血」を意味するカスタの名で呼んで以来、この呼称が広がるようになった。

▲左　インドではリキシャが足代わりになる。　▲右　インドと言えばカレー、本場の味

実際、インドにおける社会集団は、「4つの種姓」ヴァルナ（司祭階級バラモン、王侯武士階級クシャトリヤ、庶民階級バイシャ、隷属民シュードラ）と「生まれ」を意味するジャーティ（職業）によって秩序づけられている（カーストとはこのヴァルナとジャーティを混同したもの）。インド社会では「浄」「不浄」の観念が発達していることから、異なるカーストとの結婚やともに食事をとることが制限され、現在、その影響は弱まっているものの農村を中心にカーストによる秩序が根づくよく残っているという。

INDIA
北インド

カレーの本場

「カレーの本場」のインドでは、20 ものスパイス（香辛料）を選んですりつぶし、食材にもっとも適した調理法で料理が味つけされる（インドのバザールには山ほどの香辛料がならんでいる、またカレーという言葉はもともと南インドで「スープの具」を意味するのだという）。気温が高く、湿気の多いインドにあっては、香辛料を混ぜあわせて調理する方法は食欲、殺菌効果などの面から都合がよい。このカレーにはサフランやうこんといった香辛料が黄色の成分を出していることから、一見すると同じ料理を食べているように思えるが、料

North India｜摩訶不思議印度世界

理名が同じでも家庭や地方によって調理法が異なる奥の深いものだという。カレーという言葉はポルトガル語から英語に入り、インド総督のヘイスティングスが1772年にインドからカレーをもち帰り、それが日本に伝わったとされる（カレー粉はイギリスの発明）。

Guide, Jaipur
ジャイプル城市案内

砂漠の国ラジャスタンの州都ジャイプル
デリー、アーグラとともに
ゴールデン・トライアングルを構成する観光都市

जयपुर ; ジャイプル Jaipur ［★★☆］

ジャイプルは長らくこの地方の王様マハラジャによっておさめられてきた街で、旧市街の建物がピンク色で彩られていることから、「ピンク・シティ」の愛称でも親しまれている。豪勢なマハラジャの宮殿、豊かなひげをたくわえたターバン姿の男性、また象や蛇を操る人々など『千夜一夜物語』に登場するような世界が広がっている。

जन्तर मन्तर ; ジャンタル・マンタル Jantar Mantar ［★★☆］

1734年、マハラジャ・ジャイ・シン2世によってつくられた

【地図】ジャイプル

【地図】ジャイプルの [★★☆]
- [ ] ジャイプル Jaipur
- [ ] ジャンタル・マンタル Jantar Mantar
- [ ] アンベール城 Amber Fort

【地図】ジャイプルの [★☆☆]
- [ ] シティ・パレス City Palace

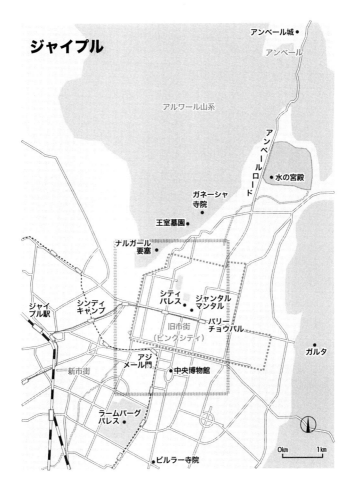

【地図】ジャイプル旧市街

【地図】ジャイプル旧市街の [★★☆]
- [ ] ジャンタル・マンタル Jantar Mantar
- [ ] 風の宮殿（ハワ・マハル）Hawa Mahal

【地図】ジャイプル旧市街の [★☆☆]
- [ ] シティ・パレス City Palace

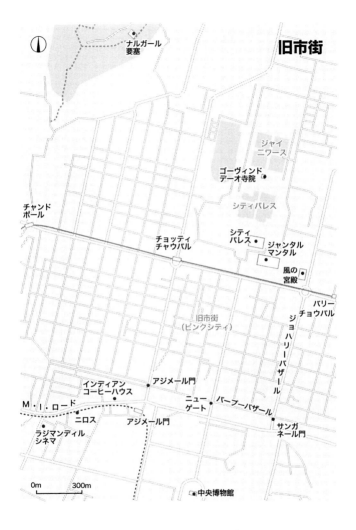

天文観測所ジャンタル・マンタル。階段状や円形の大きな観測器がならぶ様子は不思議な遊園地を思わせる。世界文化遺産。

सिटी पैलेस ; シティ・パレス City Palace ［★☆☆］

シティ・パレスは、ジャイプルのマハラジャとその一族が暮らした宮殿跡。マハラジャがガンジス河の水をなかに入れて海外にもっていったという巨大な壺、宮殿を守る門番、イスラムとヒンドゥー文化を融合させたラジャスタン様式の建築などが見られる。

▲左　不思議なかたちをした観測機がならぶジャンタル・マンタル。　▲右　マハラジャの宮殿シティ・パレス

हवा महल ; 風の宮殿 (ハワ・マハル) Hawa Mahal [★★☆]

美しいピンク色の装飾に彩られた外観をもつ風の宮殿。1799年、ジャイプルのマハラジャによって建てられ、この宮殿の窓から王女たちが外の世界を眺めたと伝えられる。

आमेर दुर् ; アンベール城 Amber Fort [★★☆]

ジャイプル北11km郊外の丘陵に立つアンベール城。現在のジャイプルの街がつくられる18世紀以前の王家の宮殿がおかれていた場所で、その後も離宮として使われていた。世界遺産に指定されているラジャスタンの丘陵城砦群（6つある）のひとつ。

Guide, Agra
アーグラ城市案内

デリーからジャムナ河をくだったところに
位置する古都アーグラ
タージ・マハルが美しい姿を見せている

आगरा；アーグラ Agra［★★★］

アーグラはデリーに遷都される以前の16〜17世紀にムガル帝国の都がおかれていた街で、タージ・マハル、アーグラ城が残っている。これらの世界遺産を目的に、インドはじめ世界中から多くの人々がアーグラを訪れている。

ताज महल；タージ・マハル Taj Mahal［★★★］

ジャムナ河畔に立つ白亜の建築タージ・マハル。17世紀、ムガル帝国第5代シャー・ジャハーン帝が愛する皇妃ムムターズ・マハルのために造営した墓廟で、世界でもっとも美

INDIA
北インド

しい建築とたたえられる(タージ・マハルには皇帝と皇帝より先になくなった皇妃が眠る)。白大理石を使ったドームや本体、ミナレット、左右対称のたたずまい、調和のとれたプロポーションなどが緻密に計算されている。このタージ・マハルの造営には22年の歳月がかけられ、帝国の財政をかたむけるほどだったという。世界遺産に指定されている。

【MEMO】

【地図】アーグラ

【地図】アーグラの [★★★]
- [ ] アーグラ Agra
- [ ] タージ・マハル Taj Mahal

【地図】アーグラの [★★☆]
- [ ] アーグラ城 Agra Fort

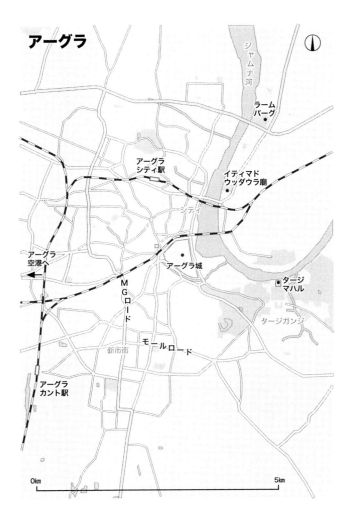

INDIA
北インド

आगरा किला；アーグラ城 Agra Fort [★★☆]

赤砂岩の城壁で囲まれたアーグラ城は、ムガル帝国第3代アクバル帝が統治する1563〜1573年に築かれた。それまで各地に勢力が割拠する状況だった北インドにあって、アクバル帝はアーグラを中心とした強力な王権を確立した。アマル・シン門から王城のなかに入ると、皇帝が政務をとったジャハンギール殿やムガル王族のための礼拝堂だったモティ・マスジッドなどが残り、イスラムとヒンドゥーの建築様式が融合されている。世界遺産。

▲左　皇帝の妻への想いがこの傑作建築を生んだ。　▲右　赤砂岩のアーグラ城、ムガル帝国の宮廷がおかれていた

今に伝わるムガル帝国の遺構

ムガル帝国は16世紀から19世紀まで北インドを統治した王朝で、第3代アクバル帝の時代に統治体制は整えられた。ムガルの統治者は、イスラム教徒だったため、この時代、イスラムとヒンドゥーの文化が融合した建築が建てられることになった。デリーのラール・キラ、フマユーン廟、ジャマー・マスジッド、アーグラのタージ・マハル、アーグラ城はいずれもムガル帝国の遺構となっている。

Guide, Varanasi
バラナシ城市案内

ガンジス河中流域に位置するバラナシ
この街で沐浴すれば身が清められ
荼毘にふされればその魂は天界へゆくのだという

वाराणसी ; バラナシ Varanasi ［★★★］

ガンジス河の岸辺に開けたバラナシは、ヒンドゥー教最高の聖地で、インド中から巡礼者がこの街に訪れる。その歴史は3000年以上前にさかのぼり、聖地としての性格がこれほど長く続いている街は世界にふたつにないと言われる。バラナシはガンジス河の岸辺から放射状に広がり、そのそばにある旧市街、旧市街の北側が新市街となっている。真理を求めて世を捨てたサドゥー、この街で死を待つ人、焼かれていく遺体などバラナシではさまざまな人々の営みが続いている。

INDIA
北インド

गंगा；ガンジス河 Ganges ［★★☆］

インドでは水は聖なるものと考えられ、とくにガンジス河で沐浴すればあらゆる罪が洗い清められると信じられている。ヒマラヤからくだったガンジス河はこの街では南から北へ逆流するように流れ、そこからベンガル湾へと注いでいく。バラナシの街はガンジス河の岸辺からはじまったとされ、多くの人が沐浴するためにこの街を訪れる。こうしたなか、ガンジス河の対岸は不浄の地とされ、荒野が広がっている。

【MEMO】

【地図】バラナシ

【地図】バラナシの [★★★]
- [ ] バラナシ Varanasi

【地図】バラナシの [★★☆]
- [ ] ガンジス河 Ganges
- [ ] ガート Ghat

【地図】バラナシの [★☆☆]
- [ ] サールナート Sarnath（地図外）

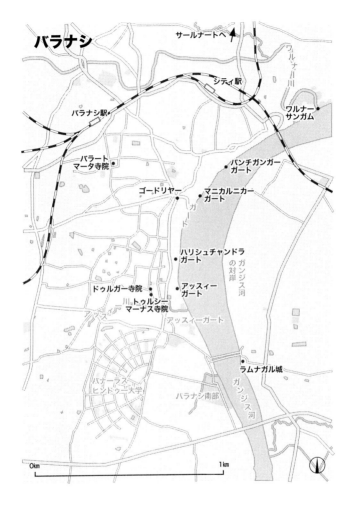

北インド

घाट；ガート Ghat ［★★☆］

ガンジス河の岸辺に、南北に続くのがガートと呼ばれる階段状の沐浴場。火葬場がおかれているマニカルニカー・ガート、夕暮れにプージャ(ヒンドゥー教祭祀)が行なわれるダシャーシュワメード・ガートはじめ、インド各地の人がそれぞれ沐浴を行なうガートがならぶ。またこのガートの後方にはヒンドゥー寺院が立ちならぶ。

▲左　バラナシのガート、洗濯する人の姿も見える。　▲右　バラナシの北8kmに位置するサールナート

सारनाथ；サールナート Sarnath ［★☆☆］

バラナシの北郊外に位置するサールナートは、今から2500年前、ブッダガヤで悟りを開いたブッダがはじめてその教えを説いた「初転法輪の地」。当時、鹿が多く生息したことから日本では鹿野苑の名前でも知られる。ブッダがここを選んだのは、バラモン文化の中心地であったバラナシのそばで、あえて新しい教え（仏教）を説くという意図があったと考えられている。

到来するインドの時代

15億人に向かって増え続ける人口
拡大する経済規模
21世紀はインドの時代と言われる

BRICsの一員

ブラジル (Brazil)、ロシア (Russia)、インド (India)、中国 (China) の頭文字から BRICs という言葉が使われ、これらの新興経済国の規模は拡大を続け、その経済規模とともに強い影響力をもつようになった。インドでは1990年代はじめに経済自由化への舵が切られて以降、所得、消費が増大し、高い教育を受け、財閥や外資系企業で働く中間層も台頭している。

爆発する人口

1990年に53億人だった世界人口は1999年には60億人、

INDIA
北インド

▲左　インドで出会った子ども。　▲右　21世紀の超大国へ成長を続ける

2012年には70億人を超えた(新興国の出生率の高さ、死亡率の低さなどから世界人口は右肩あがりに増えている)。なかでも突出した存在感を見せるのがインドと中国で、1990年に8億7000万人(中国11億7000万人)だったインドの人口は、1999年に10億人(中国12億7000万人)、2012年に12億4000万人(中国13億8000万人)、2020年には13億5000万人(中国14億3000万人)まで上昇すると考えられている。こうした膨大な人口増は巨大な経済圏をつくり、中国が製造業を主体に経済発展を遂げたのに対して、インドはサービス業、なかでもITによる経済発展が特筆されるという。

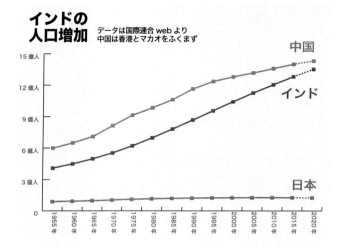

超格差社会

世界的な大手IT企業につとめる技術者、会社を起こした富豪がいる一方で、多くの人が家をもたずに路上で生活している超格差社会もインドの姿にあげられる。バラックがならぶスラムと超高層マンション、人々が押し合い肩をせばめる三等列車とエアコンの効いた一等列車、10ルピー以下のチャイとその20倍以上の価格のアフタヌーン・ティー。こうした状況が隣りあわせる様子は日本の社会とは大きく異なり、まったく別の職業や社会階層、思想や宗教をもった人々がひとつの場所に存在している。

参考文献

『多重都市デリー』(荒松雄 / 中央公論社)

『インド』(辛島昇 / 新潮社)

『北インド』(辛島昇・坂田貞二 / 山川出版社)

『インド建築案内』(神谷武夫 /TOTO 出版)

『NHK アジア古都物語 ベナレス』(NHK 取材班 /NHK 出版)

『都市の顔・インドの旅』(坂田貞二 / 春秋社)

『世界大百科事典』(平凡社)

[PDF] デリー地下鉄路線図

http://machigotopub.com/pdf/delhimetro.pdf

[PDF] デリー空港案内

http://machigotopub.com/pdf/delhiairport.pdf

[PDF] ジャイプル地下鉄路線図

http://machigotopub.com/pdf/jaipurmetro.pdf

まちごとパブリッシングの旅行ガイド

Machigoto INDIA , Machigoto ASIA , Machigoto CHINA

【北インド - まちごとインド】

001 はじめての北インド
002 はじめてのデリー
003 オールド・デリー
004 ニュー・デリー
005 南デリー
012 アーグラ
013 ファテープル・シークリー
014 バラナシ
015 サールナート
022 カージュラホ
032 アムリトサル

【西インド - まちごとインド】

001 はじめてのラジャスタン
002 ジャイプル
003 ジョードプル
004 ジャイサルメール
005 ウダイプル
006 アジメール（プシュカル）
007 ビカネール
008 シェカワティ
011 はじめてのマハラシュトラ
012 ムンバイ
013 プネー
014 アウランガバード
015 エローラ
016 アジャンタ
021 はじめてのグジャラート
022 アーメダバード
023 ヴァドダラー（チャンパネール）
024 ブジ（カッチ地方）

【東インド - まちごとインド】

002 コルカタ
012 ブッダガヤ

【南インド - まちごとインド】

001 はじめてのタミルナードゥ
002 チェンナイ
003 カーンチプラム
004 マハーバリプラム
005 タンジャヴール
006 クンバコナムとカーヴェリー・デルタ
007 ティルチラパッリ
008 マドゥライ
009 ラーメシュワラム
010 カニャークマリ
021 はじめてのケーララ
022 ティルヴァナンタプラム
023 バックウォーター（コッラム〜アラップーザ）
024 コーチ（コーチン）
025 トリシュール

【ネパール - まちごとアジア】

001 はじめてのカトマンズ
002 カトマンズ
003 スワヤンブナート

004 パタン
005 バクタプル
006 ポカラ
007 ルンビニ
008 チトワン国立公園

【バングラデシュ - まちごとアジア】

001 はじめてのバングラデシュ
002 ダッカ
003 バゲルハット（クルナ）
004 シュンドルボン
005 プティア
006 モハスタン（ボグラ）
007 パハルプール

【パキスタン - まちごとアジア】

002 フンザ
003 ギルギット（KKH）
004 ラホール
005 ハラッパ
006 ムルタン

【イラン - まちごとアジア】

001 はじめてのイラン
002 テヘラン
003 イスファハン
004 シーラーズ
005 ペルセポリス
006 パサルガダエ（ナグシェ・ロスタム）
007 ヤズド
008 チョガ・ザンビル（アフヴァーズ）
009 タブリーズ

010 アルダビール

【北京 - まちごとチャイナ】

001 はじめての北京
002 故宮（天安門広場）
003 胡同と旧皇城
004 天壇と旧崇文区
005 瑠璃廠と旧宣武区
006 王府井と市街東部
007 北京動物園と市街西部
008 頤和園と西山
009 盧溝橋と周口店
010 万里の長城と明十三陵

【天津 - まちごとチャイナ】

001 はじめての天津
002 天津市街
003 浜海新区と市街南部
004 薊県と清東陵

【上海 - まちごとチャイナ】

001 はじめての上海
002 浦東新区
003 外灘と南京東路
004 淮海路と市街西部
005 虹口と市街北部
006 上海郊外（龍華・七宝・松江・嘉定）
007 水郷地帯（朱家角・周荘・同里・甪直）

【河北省 - まちごとチャイナ】

001 はじめての河北省
002 石家荘
003 秦皇島
004 承徳
005 張家口
006 保定
007 邯鄲

【江蘇省 - まちごとチャイナ】

001 はじめての江蘇省
002 はじめての蘇州
003 蘇州旧城
004 蘇州郊外と開発区
005 無錫
006 揚州
007 鎮江
008 はじめての南京
009 南京旧城
010 南京紫金山と下関
011 雨花台と南京郊外・開発区
012 徐州

【浙江省 - まちごとチャイナ】

001 はじめての浙江省
002 はじめての杭州
003 西湖と山林杭州
004 杭州旧城と開発区
005 紹興
006 はじめての寧波
007 寧波旧城
008 寧波郊外と開発区
009 普陀山
010 天台山
011 温州

【福建省 - まちごとチャイナ】

001 はじめての福建省
002 はじめての福州
003 福州旧城
004 福州郊外と開発区
005 武夷山
006 泉州
007 廈門
008 客家土楼

【広東省 - まちごとチャイナ】

001 はじめての広東省
002 はじめての広州
003 広州古城
004 天河と広州郊外
005 深圳（深セン）
006 東莞
007 開平（江門）
008 韶関
009 はじめての潮汕
010 潮州
011 汕頭

【遼寧省 - まちごとチャイナ】

001 はじめての遼寧省
002 はじめての大連
003 大連市街
004 旅順
005 金州新区

006 はじめての瀋陽
007 瀋陽故宮と旧市街
008 瀋陽駅と市街地
009 北陵と瀋陽郊外
010 撫順

【重慶 - まちごとチャイナ】

001 はじめての重慶
002 重慶市街
003 三峡下り（重慶〜宜昌）
004 大足

【香港 - まちごとチャイナ】

001 はじめての香港
002 中環と香港島北岸
003 上環と香港島南岸
004 尖沙咀と九龍市街
005 九龍城と九龍郊外
006 新界
007 ランタオ島と島嶼部

【マカオ - まちごとチャイナ】

001 はじめてのマカオ
002 セナド広場とマカオ中心部
003 媽閣廟とマカオ半島南部
004 東望洋山とマカオ半島北部
005 新口岸とタイパ・コロアン

【Juo-Mujin（電子書籍のみ）】

Juo-Mujin 香港縦横無尽
Juo-Mujin 北京縦横無尽
Juo-Mujin 上海縦横無尽

【自力旅游中国 Tabisuru CHINA】

001 バスに揺られて「自力で長城」
002 バスに揺られて「自力で石家荘」
003 バスに揺られて「自力で承徳」
004 船に揺られて「自力で普陀山」
005 バスに揺られて「自力で天台山」
006 バスに揺られて「自力で秦皇島」
007 バスに揺られて「自力で張家口」
008 バスに揺られて「自力で邯鄲」
009 バスに揺られて「自力で保定」
010 バスに揺られて「自力で清東陵」
011 バスに揺られて「自力で潮州」
012 バスに揺られて「自力で汕頭」
013 バスに揺られて「自力で温州」

【車輪はつばさ】
南インドのアイラヴァテシュワラ寺院には建築本体に車輪がついていて寺院に乗った神さまが人びとの想いを運ぶと言います。

・本書はオンデマンド印刷で作成されています。
・本書の内容に関するご意見、お問い合わせは、発行元の
　まちごとパブリッシング info@machigotopub.com までお願いします。

まちごとインド
北インド001はじめての北インド
〜デリー・ジャイプル・アーグラ・バラナシ [モノクロノートブック版]

2017年11月14日　発行

著　者	「アジア城市（まち）案内」制作委員会
発行者	赤松　耕次
発行所	まちごとパブリッシング株式会社 〒181-0013　東京都三鷹市下連雀4-4-36 URL http://www.machigotopub.com/
発売元	株式会社デジタルパブリッシングサービス 〒162-0812　東京都新宿区西五軒町11-13 清水ビル3F
印刷・製本	株式会社デジタルパブリッシングサービス URL http://www.d-pub.co.jp/

MP001

ISBN978-4-86143-135-7 C0326　　　　Printed in Japan
本書の無断複製複写 (コピー) は、著作権法上での例外を除き、禁じられています。